Auteur LU Bing

Illustrateur ZI Yu

Popo doit être plus gentil

Traduit du chinois par WANG Zi

mille fleurs

Quelle belle journée de printemps ! La rivière fait un petit bruit agréable, les oiseaux sont heureux !

Mais Popo, lui, fulmine.

Il est en colère.
Le problème avec Popo, c'est qu'il est TOUJOURS en colère.

Popo s'est avancé un peu dans l'eau pour se rafraîchir, et Flip le poisson, passant par là, s'approche de lui et lui effleure le pied tout doucement, pour attirer son attention.

– **VA-T'EN !!** hurle Popo.

Ouh ! Flip, surpris, fait un rapide demi-tour et disparaît le plus vite possible.

Un peu plus tard, c'est Mimi l'abeille qui s'approche de Popo, toute souriante, et lui murmure d'une petite voix :

– Bonjour Popo, comment vas-tu ?

– **FICHE LE CAMP !!** hurle l'hippopotame.

Oups ! Mimi prend ses ailes à son cou et s'enfuit le plus loin possible.

Grany, la grenouille, se sent bien aujourd'hui. Elle a bien dormi, cela lui donne envie de chanter à tue-tête !
Confortablement installée sur une feuille de lotus, la voilà qui se met à coasser :

♬ coââ ! coâââ ! coâââ ! ♬

– **TAIS-TOI ! VA PLUS LOIN !** grogne furieusement Popo.

Complètement effrayée, Grany, s'éloigne, bondissant de feuille en feuille.

Martin, qui vit au bord de l'eau est très concentré sur les poissons au fond de la rivière. C'est qu'il doit trouver son déjeuner !

Tout à coup, le voilà qui plonge, juste à côté de Popo !

Catastrophe !

– Eh, toi, fiche le camp !!

Quelques gouttes éclaboussent l'hippopotame, et sur-le-champ, il se met à crier de toutes ses forces.

Le martin-pêcheur ne comprend rien, mais sait qu'il doit s'envoler à toute vitesse sans demander d'explications.

Après quelques instants de calme, Popo voit approcher Monky sur un radeau.

Le petit singe a bien du mal à se diriger et, malheur, il frôle légèrement l’hippopotame.

– Éloigne-toi ! Plus vite !!

Ce hurlement de Popo inquiète tellement Monky qu'il se met à pagayer dans tous les sens et toutes les bananes de son déjeuner sont secouées et tombent à l'eau.

Lorsque maman rejoint Popo à la rivière, les yeux de son fils sont noirs de fureur et elle voit bien sa grimace de colère.

– Dis-donc ! Tu as l'air bien fâché mon Popo !

Popo boude, les bras croisés, et ne répond pas.

Maman poursuit :
– Bien ! Je sais ce qu'on va faire, on va faire sortir cette grosse colère de toi.

Ah, bon ? Popo, un peu curieux, tend l'oreille.

– Raconte-moi ce qui t'a fâché à ce point, dit tendrement Maman.

– D’abord, c’est Flip qui m’a frôlé les pieds !
HOULALA ! Mais que se passe-t-il ?

En disant cela, Popo a l’impression que son ventre se met à gonfler ? Oui ! Il est maintenant deux fois plus gros.

– Et aussi Mimi ! Elle a bourdonné dans mon oreille !
HOULALA LA !
Son ventre gonfle encore, il est maintenant trois fois plus gros.

– Grany, également, m’a énervé ! Elle a coassé très fort, près de moi, exprès.
HOULALALA LA !
Son ventre gonfle encore, il est maintenant quatre fois plus gros.

– Martin m’a éclaboussé ! Il l’a fait exprès, aussi !
HOULALALALALA !
Son ventre gonfle encore, il est maintenant cinq fois plus gros.

– Et Monky a failli me cogner !
HOULALALALALA !
Son ventre gonfle encore, il est maintenant six fois plus gros.

Et voilà ! Popo est devenu un hippopotame géant, gonflé de colère.
C'est incroyable !

Maman lui dit alors :
– Maintenant cette colère est prête à sortir. Lorsque tes amis vont venir te voir, ne te fâche plus et joue avec eux. Tu verras…

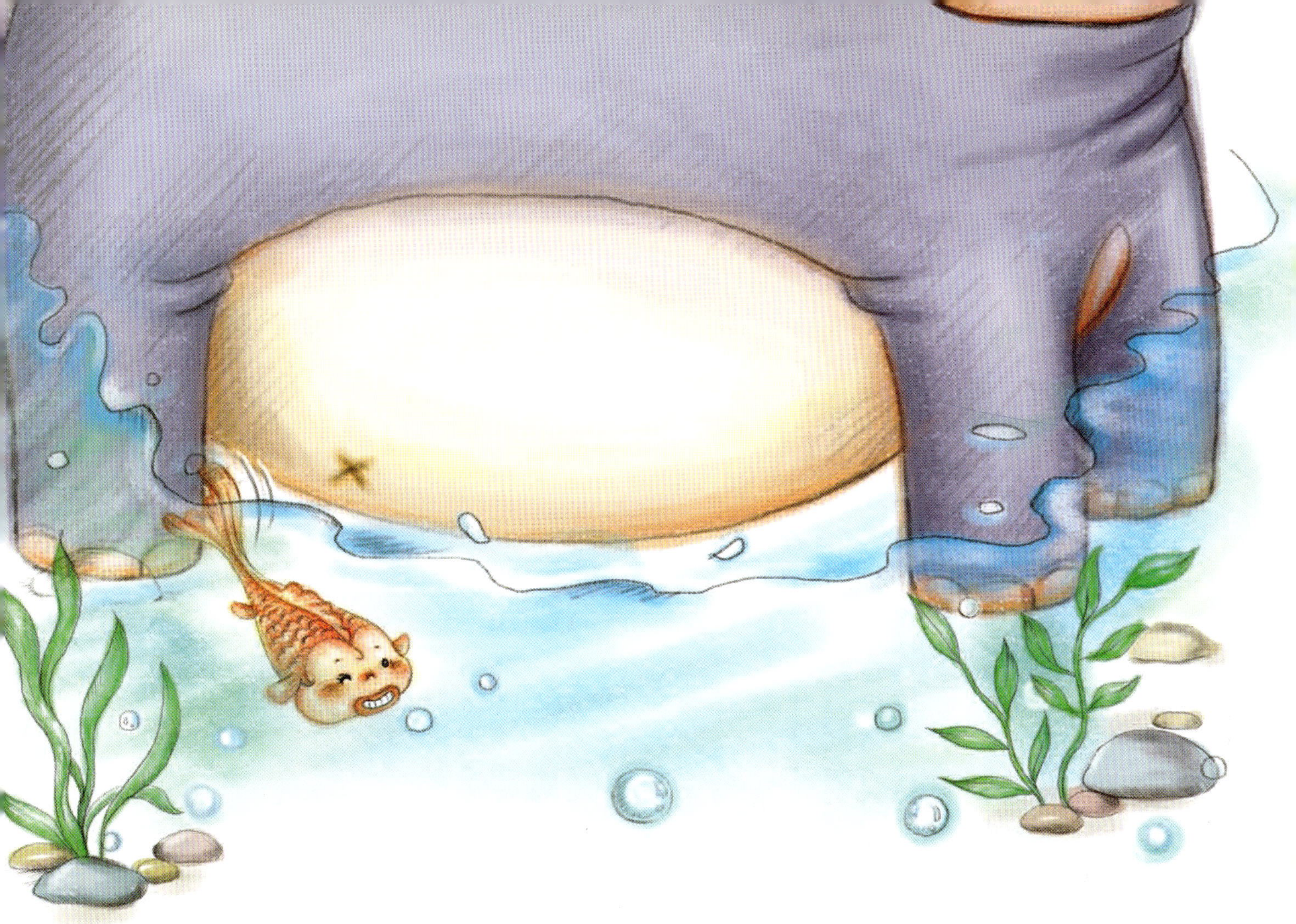

C'est d'abord Flip qui revient, timidement. Popo le laisse approcher. Bien sûr, il a envie de hurler ! Mais il se souvient de ce que Maman a dit, et finalement, il trouve que c'est plutôt rigolo de sentir Flip lui chatouiller les pattes.

Popo se sent moins en colère, on dirait même que son ventre dégonfle un peu.

Voyant cela, Mimi revient elle aussi, tout doucement près de Popo.

Bien sûr, il a envie de s’énerver, mais il la laisse faire.
Elle lui murmure des « bzzz, bzzz, bzzz » à l’oreille.

Cette fois, l'abeille n'a plus peur du tout, elle s'approche encore plus près et accroche délicatement son petit panier plein de pollen à l'oreille de l'hippopotame.

Mmm ! Quelle est cette bonne odeur qui arrive aux narines de Popo ? Il trouve cela bien agréable et se sent moins en colère, on dirait même que son ventre dégonfle un peu.

Un peu curieuse, Grany, elle aussi veut voir
ce qui se passe avec Popo.

De feuille en feuille,
elle traverse la rivière
pour rejoindre sa
maison,
Incroyable ! Popo la
laisse faire.
Elle le surveille un
peu, quand même, du
coin de l'œil.

Arrivée de l'autre côté, elle s'attarde sur la dernière feuille de lotus et, de joie, coasse de nouveau.

Plutôt que de s'énerver, cette fois, Popo tend l'oreille « coââ ! coâââ ! coââââ ! »

– Quelle belle musique ! se dit-il, on dirait même que son ventre dégonfle encore un peu.

Martin se décide, à son tour.

– Mon perchoir est bien loin de l'eau et j'ai du mal à attraper les poissons pour mon repas.
Popo, laisse-moi me poser sur ta tête pour observer l'eau, demande Martin.

Incroyable, Popo accepte !

Et, hop ! Voilà Martin qui plonge pour pêcher.

Popo est très impressionné par la technique de l'oiseau.

Éclaboussé mais amusé, il ne s'énerve pas, on dirait même que son ventre dégonfle encore et encore.

Et, voilà Monky ! Dans la panique, son radeau a coulé, mais gourmand comme il est, il a récupéré toutes ses bananes !

Le petit singe demande à Popo de le laisser grimper sur son dos, pour traverser la rivière.
Avant, Popo lui aurait dit : « Mais ça ne va pas, non ? » Mais, cette fois, il accepte.

Malheureusement, le petit singe est maladroit et le dos de popo est glissant. Toutes les bananes tombent des paniers.

Ouh, là, là ! Monky est effrayé.
« Comment va réagir Popo ? »

Des bananes tombent dans la bouche de l'hippopotame.

Mmm ! Ces fruits sont délicieux.
Son ventre dégonfle encore.

Le lendemain matin, pour la première fois, Popo se réveille de très bonne humeur.

Comme c'est agréable !

Il court chercher ses nouveaux amis et les invite à jouer encore avec lui car il sait maintenant qu'aucune grosse colère ne peut résister à l'amitié.